DATE DUE JUN 0 6

GAYLORD   PRINTED IN U.S.A.

VEHÍCULOS GIGANTES

Bibiloteca de la imaginación

TRACTORES

Jim Mezzanotte

GARETH**STEVENS**
GS
P U B L I S H I N G
A Member of the WRC Media Family of Companies

Please visit our web site at: **www.garethstevens.com**
For a free color catalog describing Gareth Stevens Publishing's list of high-quality books
and multimedia programs, call 1-800-542-2595 (USA) or 1-800-387-3178 (Canada).
Gareth Stevens Publishing's fax: (414) 332-3567.

Library of Congress Cataloging-in-Publication Data available upon request from publisher.
Fax (414) 336-0157 for the attention of the Publishing Records Department.

ISBN 0-8368-5986-3 (lib. bdg.)
ISBN 0-8368-5993-6 (softcover)

First published in 2006 by
Gareth Stevens Publishing
A Member of the WRC Media Family of Companies
330 West Olive Street, Suite 100
Milwaukee, WI 53212 USA

Editorial direction: Mark J. Sachner
Editor: JoAnn Early Macken
Art direction: Tammy West
Cover design and page layout: Kami M. Koenig
Photo editor: Diane Laska-Swanke
Picture researcher: Martin Levick
Translators: Tatiana Acosta and Guillermo Gutiérrez

Photo credits: Cover, pp. 5, 7, 9, 11, 15, 17, 19, 21 Reproduced with permission by CNH America LLC;
p. 13 © Eric Orlemann

Printed in the United States of America

1 2 3 4 5 6 7 8 9 09 08 07 06 05

PORTADA: Los tractores gigantes son
máquinas fuertes y resistentes. En
las grandes propiedades agrícolas,
se encargan de todos los trabajos.

Contenido

Las palabras del Glosario van en **negrita**
la primera vez que aparecen en el texto.

El amigo del granjero

Los tractores gigantes arrastran cosas. Por lo general, se usan en granjas muy grandes para arrastrar todo tipo de máquinas. Estas máquinas se encargan de diversas tareas. **Aran** la tierra. Plantan **cultivos**. Los tractores gigantes trabajan con rapidez para que los agricultores puedan acabar antes las faenas difíciles.

Un tractor gigante necesita tener una buena **tracción** para arrastrar algo. Casi todos tienen muchos neumáticos de gran tamaño. ¡Un solo tractor puede tener doce neumáticos! Además, los tractores disponen de motores muy potentes.

En una granja grande hay mucho que hacer. Los tractores gigantes siempre están haciendo algo. Trabajan hasta de noche. Deben ser resistentes y fiables.

Este tractor gigante está arrastrando unos raspadores. Los raspadores raspan el terreno para desplazar grandes cantidades de tierra. Para esta tarea, el tractor necesita tener una gran capacidad de arrastre.

Más grandes y mejores

Los primeros tractores se fabricaron en el siglo XIX. La mayoría no funcionaba bien en el campo. Eran pesados y lentos. Sus ruedas de metal aplastaban el suelo. En la década de 1930 comenzaron a fabricarse tractores mucho mejores. Disponían de motores fuertes y fiables. Se movían con rapidez gracias a sus grandes neumáticos de goma. Los neumáticos tenían buena tracción y no aplastaban el terreno.

Los tractores cambiaron la agricultura. Gracias a ellos, se podía hacer más trabajo con menos personas.

En la década de 1960, muchas granjas eran enormes. Unas granjas tan grandes necesitaban tractores grandes, y el tamaño de los tractores aumentaba sin parar. También aumentaba la potencia del motor. Muchos agricultores empezaron a usar tractores gigantes.

La compañía Steiger fabricó este modelo, el Panther, en la década de 1970. Para entonces, muchos agricultores utilizaban tractores gigantes, capaces de rendir más que los tractores más pequeños.

Grandes ruedas

En un tractor gigante, cada rueda tiene dos o tres neumáticos. Una mayor cantidad de neumáticos hace que cada uno de ellos soporte menos peso. Si un neumático soportara mucho peso, aplastaría el terreno, y las plantas no crecerían bien.

La mayoría de los tractores gigantes tiene tracción en las cuatro ruedas. Los motores hacen girar las cuatro ruedas, y todos esos neumáticos se agarran al terreno. Los tractores tienen gran capacidad de arrastre.

¡Los tractores gigantes se doblan por la mitad! La mitad delantera y la mitad trasera están unidas por una gran bisagra. Las ruedas delanteras no giran a la izquierda o a la derecha. Cuando el agricultor quiere cambiar de dirección, toda la parte delantera gira.

En este tractor, las ocho ruedas tienen tracción. El dibujo de los neumáticos, con gruesos salientes, permite un mejor agarre al terreno. Cuando el agricultor quiere cambiar de dirección, toda la parte delantera gira hacia la izquierda o hacia la derecha.

Tractores sobre orugas

Un tractor gigante puede no tener neumáticos, sino **orugas**.
Las orugas son cintas de goma que rodean una fila de
ruedas. La ancha cinta distribuye el peso del tractor.
La cantidad de goma facilita el agarre en el terreno. Estos
tractores tienen buena tracción, y no son tan anchos como
los de muchas ruedas.

Algunos tractores de orugas tienen dos orugas largas, una
en cada lado. Para cambiar de dirección, el agricultor hace
girar más deprisa una de las orugas. Otros tractores tienen
cuatro orugas más pequeñas. Cada una de estas orugas va
en el lugar donde iría una rueda. Estos tractores se doblan
por la mitad como los tractores de ruedas.

*Este tractor Steiger tiene cuatro orugas. En cada una, la
rueda más alta hace girar la cinta de goma. Este tractor se
dobla por la mitad. Puedes ver por dónde lo hace.*

Potentes tractores

Los tractores tienen motores **diesel**. Estos motores son similares a los de un auto, pero consumen **combustible** diesel en lugar de gasolina. Son considerablemente más grandes que un motor de auto y producen muchos más **caballos de potencia**. Para aumentar la potencia, los motores de los tractores usan **turbocompresores**.

La maquinaria agrícola tiene piezas móviles. Un tractor hace que estas piezas se muevan. El tractor tiene en la parte trasera un tubo. El motor del tractor hace girar este tubo. El tubo se conecta a una máquina agrícola, y hace que las piezas de esa máquina se muevan. El motor de un tractor produce, además, energía **hidráulica**. El motor bombea aceite. La fuerza de este aceite también puede mover las piezas de una máquina agrícola.

La compañía John Deere fabricó este tractor gigante, cuyo potente motor hace girar unas grandes ruedas. ¡Este tractor no se atascará ni siquiera en un campo tan enlodado!

En la cabina

Un tractor gigante tiene una cómoda cabina. La cabina facilita el trabajo del agricultor. Las ventanas son grandes para ver en todas las direcciones. La cabina dispone de calefacción y aire acondicionado. ¡Tiene hasta un lector de discos compactos!

En la cabina hay un volante como el de un auto. Hay muchos interruptores y palancas. Algunos controlan el tractor. Otros controlan la maquinaria agrícola. ¡Cuando manejas un tractor, tienes que fijarte en muchas cosas! Hoy en día, los agricultores usan computadoras para facilitar su trabajo. La cabina tiene una pantalla de computadora. ¡Hay incluso un espacio para que el agricultor ponga su **computadora portátil**!

Esta cabina facilita el trabajo. Tiene amplias ventanas en todas las direcciones. Tiene palancas al alcance de la mano. Es muy cómoda tanto cuando hace calor como cuando hace frío.

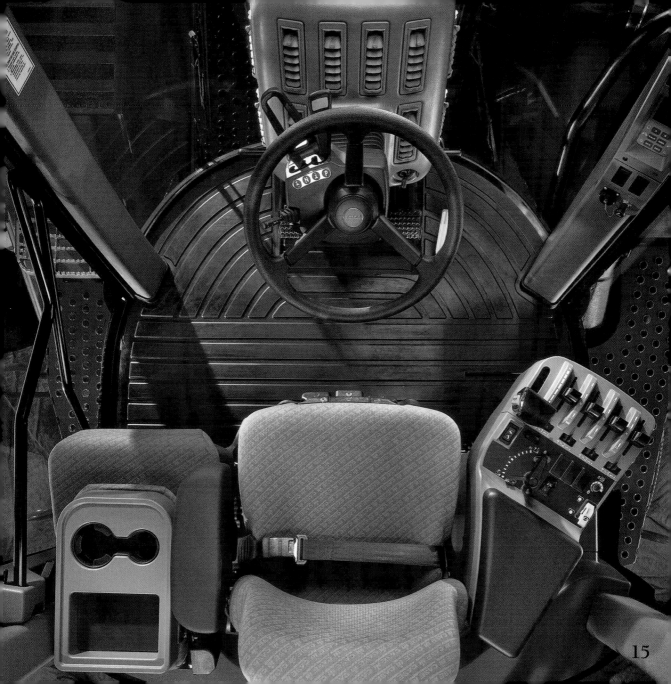

¿Realmente grande?

Los tractores gigantes no son tan grandes como otras máquinas de gran tamaño, pero ¡aun así son enormes! Tienen el doble de altura que un adulto. Para alcanzar la cabina hay que subir una escalera. Algunas ruedas son más altas que muchos adultos.

Los tractores son pesados. Están hechos de un grueso acero. Su peso puede superar las 15 toneladas – diez veces más que algunos autos. Los tractores llevan mucho combustible. La mayoría de los autos tienen una capacidad inferior a 20 galones (75 litros). ¡La capacidad de un tractor puede llegar a los 270 galones (1,000 l) de combustible!

Los tractores gigantes trabajan con rapidez. ¡Un tractor gigante puede arar diez campos de fútbol americano en una hora!

En un tractor gigante, te sientas a mucha altura.
Para alcanzar la cabina, tienes que subir una escalera.
Este tractor tiene mucho trabajo que hacer, pero ¡lo
hará con gran rapidez!

Fabricantes de tractores

Muchas compañías se han dedicado a la fabricación de tractores. Una de ellas fue Steiger, fundada por dos hermanos en la década de 1950. Estos hermanos eran agricultores y querían tener un tractor mejor, así que decidieron fabricar uno. Su tractor tenía tracción en las cuatro ruedas. En poco tiempo, muchos agricultores empezaron a utilizar tractores Steiger. Otro tractor gigante era el conocido como "Big Bud", que tenía el doble de potencia que otros grandes tractores.

En la actualidad se siguen fabricando tractores Steiger. Los hace una compañía llamada Case IH. La compañía John Deere también produce tractores gigantes. Esta compañía ha fabricado maquinaria agrícola desde hace más de cien años. Otro fabricante de tractores gigantes es la compañía Buhler.

Estos hombres trabajan para Case New Holland. Están dando los últimos retoques a unos tractores nuevos. Case New Holland fabrica maquinaria agrícola, incluyendo tractores Steiger.

¿Qué hace un tractor?

Los tractores gigantes arrastran muchos tipos de máquinas. Los arados penetran en la tierra y la abren para preparar la siembra. Los cultivadores remueven la tierra para que las plantas crezcan mejor. Las sembradoras inyectan semillas en el suelo. Otras máquinas pulverizan **fertilizante**.

Para manejar un tractor gigante hace falta mucha destreza. Tienes que controlar el tractor y la máquina agrícola que éste arrastra. Los muchos neumáticos tienen que rodar entre las hileras de plantas. ¡Cuidado de no aplastar las plantas! Es posible que tengas que trabajar también de noche. El tractor dispone de potentes luces. ¡En una granja siempre hay algo más que hacer!

Este tractor gigante está arrastrando una gran carga de cereales. En una granja, un tractor arrastra muchas máquinas diferentes. ¡No para de trabajar, un día tras otro!